Kein Druck – Kein Stress

©2022 Ulrich Franz Nettig, Thomas Gsell
Herstellung und Verlag: BoD - Books on Demand, Norderstedt
ISBN: 9 783 756 861 026

Gedichte von Thomas Gsell: Seite 7 bis Seite 57
Gedichte von Ulrich Franz Nettig: Seite 60 bis Seite 91
Illustrationen: ©Angelika Lippert
Layout: Franziska Schönfeld

Kein Druck – Kein Stress

Von Liebe, Engeln und Alltag

— ❖ —

Gedichte von

Thomas Gsell, Ulrich Franz Nettig

Vorwort (Thomas)

Wie ich zum Gedichte schreiben kam.
Ich bin eines von 14 Kindern meiner Mutter. Als meine Mutter
in hohem Alter pflegebedürftig wurde und in ein Altenheim
umzog, habe ich überlegt, wie ich ihr Freude in ihrer neuen
Umgebung bereiten kann. Da hatte ich 2014 einen Traum.
Ich träumte, ich bin ein Säugling im Bauch meiner Mutter.
Dort sprach ich Gedichte, Verse und Reime und fühlte mich
dabei unglaublich wohl. Dann wurde ich geboren und konnte
schon als Säugling diese Gedichte und Reime aufsagen und war
innerlich ganz ruhig.
Daraufhin habe ich angefangen, positive Gedanken in Reimen
und Versen aufzuschreiben. Diese habe ich meiner Mutter
geschickt. Es bereitete ihr immer große Freude, meine Gedichte
zu lesen.

Thomas Gsell
24.03.2022

Ich bin da
Und die Liebe ist klar
Sie ist in meinem Herzen
An meinem heiligen Ort
Nun kann ich sie spüren
Und sie verführt mein Herz
Und sagt mir
Es geht aufwärts

Du bist da
Und die Liebe ist klar
Sie ist in deinem Herzen
An deinem heiligen Ort
Nun kannst du sie spüren
Und sie verführt dein Herz
Und sagt dir
Es geht aufwärts

— ❖ —

Der Kopf springt hin und her
Die Gedanken schießen wie ein Gewehr
Sie machen was sie wollen
Und ich bin am Träumen
Irgendwann kommen sie zur Ruh
Und ich bin froh
Dann habe ich endlich Zeit
Und ich komme bald
In ein Wasser der Gedanken
ohne Gewalt

Die Sonne scheint auch für Dich
Du musst alles geben
Denn das Ego ist noch am Leben
Es kann sein
Du bist noch am Weinen
Und schon stehst Du auf Deinen Beinen
Und das Licht zeigt Dir wie es geht
Denn es ist noch nicht zu spät
So sollst Du leben
Denn Du kannst Dich besiegen

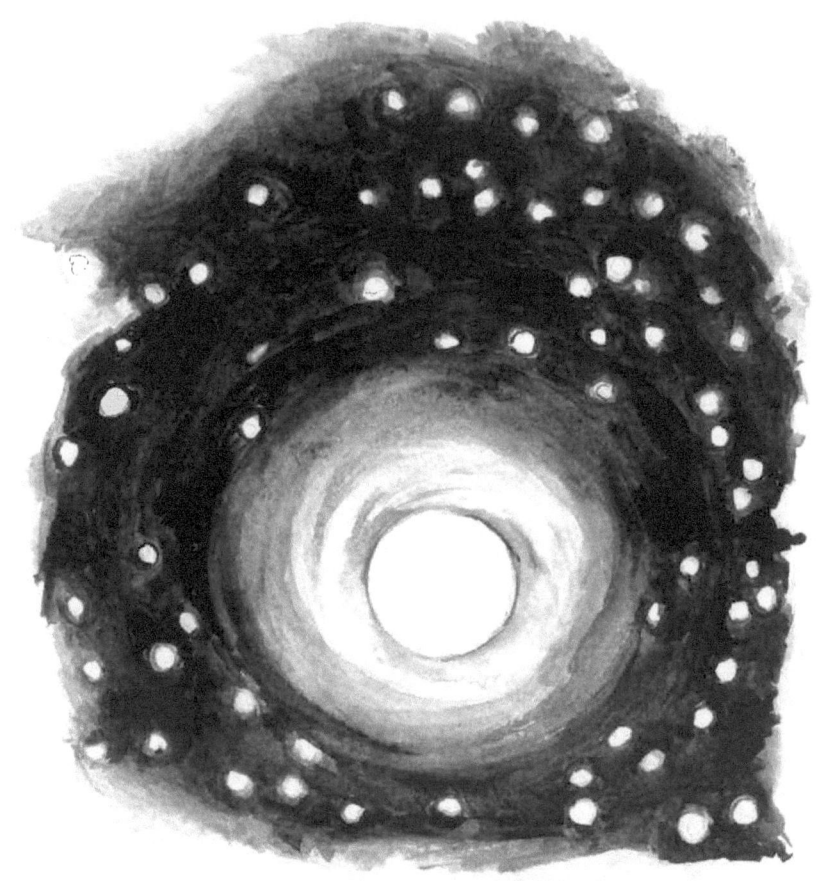

Ich bin am Rande eines Nervenzusammenbruchs
Und keiner kommt vorbei
Mein Herz sehnt sich nach mehr
Denn meine Füße tragen mich nicht mehr
Oh, mein Herz, was soll ich machen
Wann können wir wieder lachen
Die Fliege in meinem Zimmer
Sie ist mein Halt
Denn sie kennt keine Gewalt
Sie fliegt einfach herum
Und ist am Summen
Es ist nicht die Gewalt
Vor der ich mich fürchte
Dass ich wieder würge
Mein Magen dreht sich um
Wenn ich das alles sehe
Es gibt Menschen
Die sind einfach überfordert
In der Welt, in der wir leben

Die Liebe ist so schön in dieser Welt
Wenn die Sonne sie erhellt
Sie scheint überall hin
Und spielt mit dem Wind
Die Kinder wissen noch nicht
Von Deinen Schatten in Deinem Gesicht
Lange muss man warten
Bis sie wiederkehrt
In Dein Herz
Alles hat einen Sinn
Denn sie kommt bestimmt

Die Liebe kennt einen Namen
Mit Vertrauen
Kannst Du alles aufbauen
Las los und schon
Kommst Du aus Deinem Wahn
Wenn Du alles festhältst
Gibt es nichts mehr, was Dir gefällt
Auch das Geld verfällt
Im Staub
In dieser Welt

All diese Stimmen sind fort
Von diesem Ort
Sie sind gegangen
Und werden mich nicht mehr belangen
Sie kommen einfach nicht wieder
Denn ich bin der Sieger
Sie lassen mich jetzt in Ruh
Denn ich bin froh
Die Liebe ist einfach stärker
Und bricht jeden Kerker
Sie kommen nicht wieder
Wenn man sich liebt
Singen die Sterne die schönsten Lieder
Ich bin glücklich
All diese Gedanken los zu sein
Denn mein Leben ist fein

Die Liebe in uns
Kann man nicht Töten
Wir müssen nur in die Sonne schauen
Uns hinsetzen und beten
Das braucht nur ein Satz sein
Dann kommt die Liebe in uns hoch
Und sie ist am Weinen

Die Liebe singt immer neue Lieder
Drum kommt sie auch wieder
Das Leben kommt auch mal zu spät
Aber ich weiß
Es ist soweit
Es wird auch mal gehen
So soll es sein
So muss es werden
Ich bin am Sterben
Komm einfach zurück zu Dir
Denn die Liebe
steht auch vor Deiner Tür
Versuche, was Du willst
Denn was mir fehlt
Ist nicht Alkohol und Wein
Sondern, dass mein Herz weint

Wir laufen alle durch das Leben
Und können das Licht nicht sehen
Weil wir uns nicht begegnen
Und uns übersehen
Alles hat einen Sinn
Denn das Licht kommt ganz bestimmt
Das Glitzern in unseren Augen
Können wir es sehen?
Aber trotzdem werden wir das Licht nie verstehen
Die Begegnung der Menschen ist so kurz
Darum ist es so wichtig
Dass wir uns berühren mit unseren Seelen
Der Schmerz wandert von Einem zum Andern
Aber das Licht fängt es wieder auf
Denn wir haben etwas in uns
Das stärker ist als jeder Abgrund
Wir dürfen uns nicht zerstören
Mit unserer Gier
Dann laufen wir Gefahr
Dass es mal mit uns war
Lassen wir los von allem
Dann können wir auch weinen
Die Freude kommt ganz bestimmt zurück
Jede Träne, die Du vergießt
Befreit Dich
und macht Dich nicht verrückt

— ❖ —

Die Liebe ist das, was wir haben
Denn die Weihnachtszeit kommt
Mit dem Kindlein, das wir erwarten
Alle wollen nur das Eine
Die Liebe steht im Stall
Und die Tiere sind auf ihren Beinen
Das Lächeln ist so stark
Vertreibt alle Sorgen
Und wir denken nicht an morgen
So soll es sein
So soll es werden
Das Kindlein kommt auf Erden
Und wir Menschen denken an die Anderen
Die wir beschenken
Weihnachten ist eine Zeit
Zur Besinnung für die Ewigkeit
Jesus ist lange her
Aber der Glaube fällt manchem schwer
Trotz allem müssen wir an uns arbeiten
Dass wir nicht vergessen, was wir erwarten
Sagen wir die Botschaft allen
Wir müssen an Mutter Erde denken
So wie an das Kindlein

Mein Herz ist erfreut
Wenn ich Dich seh
Unsere Liebe ist so stark
Wie ein See
Er spiegelt unsere Gesichter
Im Glanze
Denn die Schwäne
Sind unsere Geschwister
Der Schimmer in Deinen Augen
Macht mich froh
Darauf kann ich aufbauen
Wir müssen uns anpassen
An diese Welt
So ist es in unserem Leben
Denn der Himmel hat es uns gegeben

Halt Dich fest an meiner Seele

Dann kann ich Dir geben, was Dir fehle

So kommst Du zur Ruh'

Dann drückt Dich auch nicht mehr Dein Schuh

Meine Liebe ist bereit

Dann vergisst Du Deinen Schmerz für die Ewigkeit

Zwei Teile habe ich in meinem Herzen
Die Liebe und die Schmerzen
Zwei Teile habe ich in mir
Den Schlüssel und die Himmelstür
Die Liebe ist so stark
Weil ich alles wag
Sie ist in mir
Deswegen werde ich beschützt von ihr
Die Zeit wird kommen
Da werde ich neu geboren
Schon hat das Leben einen Sinn
Denn ich bin nicht mehr am Spinnen
Die Liebe kommt immer wieder
Sie ist in mir und singt ihre Lieder

In der Liebe musst Du alles wagen
Dann wirst Du nicht verzagen
Es ist noch nicht, was Du verstehst
Und doch ist es für die Liebe noch nicht zu spät

So kommen die Erinnerungen hoch
Und Du wirst wieder froh
Sag allen, was Du fühlst,
Und Du bist nicht mehr kühl

Die Liebe denkt nicht an morgen
Sie vertreibt allen Kummer und Sorgen
Sie ist im Hier und Jetzt
Das ist, was Du schätzt

Dein Herz brennt wie ein Feuer
Und freut sich auf neue Abenteuer
Das Leben ist so wahr
Es kann Dir alles geben
Du musst es Dir nur nehmen

Die Dankbarkeit hat ein Ziel
Du bekommst so viel
Du musst bescheiden sein,
Dann wirst Du wie ein Kindlein sein

Wenn Dein Herz weint
Sind die Engel bei Dir
Auch wenn Du denkst
Es geht nicht mehr

Sie schlagen für Dich die Flügel auf
Und schon bist Du gut drauf
Deine Tränen in Deinem Gesicht
Trocknen sie mit ihrem Licht

Immer, wenn Du an sie denkst
Vergeht Dein Schmerz
Auch wenn Du pennst

Ein Gedicht an meinen Freund
Er hat so viel Licht
Im Gesicht
In seiner Nähe
Kann es auch mal Beben
Nur wenn er lächelt
Fliehen all die Bösen
Die Liebe, die er ausstrahlt
Ist sein Wesen
Denn er glaubt an das Gute im Leben
Er nimmt die Menschen in den Arm
Und so vertreibt er den Wahn

Ich denke an die schöne Zeit zurück
Und mein Herz ist voll von Glück
Dass Du mich geholt
Aus dem Dorf in eine große Stadt
Da war ich einfach baff
Nach Irland
War einfach toll
Wir waren einfach überall
Und hatten Spaß
Das war doch klar
In Frankreich kamen wir uns noch näher
Du mein Bruder
Dafür liebe ich Dich so sehr
Ich weiß Du bist stark wie ein Bär

Willst Du anders in die Welt gehen
Musst Du mit der Liebe aufstehen
Willst Du Dich mal fragen, wie es weitergeht
Musst Du Warten, bis die Liebe Dir die Antwort gibt
Komm einfach zu Dir
Und die Liebe ist bei Dir
Das Ende ist nicht nah, das Ende ist nicht fern
Die Liebe ist in Deinem Kern
Sei glücklich, wo Du stehst
Denn Du bist nicht bös'
Lass los von Deiner Last
Denn die Liebe gibt Dir die nötige Kraft
Du musst im Leben Danke sagen
Dann sprengt sie alle Schranken
Mache Deine Aufgaben im Leben
Und schon wird Dir die Liebe alles geben
Nimm Dich nicht so ernst
Denn das Leben spielt mit Dir so gern
Mach mal eine Pause
Dann macht das Leben mit Dir eine Sause

Die Liebe ist überall

Wir kommen alle aus dem Weltall

Gehen wir mit uns behutsam um

Dann sind wir in der Lage uns zu heilen

Und müssen uns nicht beeilen

Die Seele hat die Kraft

Und zeigt Dir

Wie man aus dem Herzen lacht

Du brauchst dich nur zu lieben

Dann sind die Menschen bei Dir

Und Du wirst vor Glück fliegen

Sag allen
Dass Du die Schönheit siehst voller Glück
Denn die Liebe ist entzückt
Sie kommt immer wieder
Jedes Jahr
Mit voller Wucht
Und bringt den Frühling mit
Die Sonne scheint immer wieder
Sie hat die Kraft
Und Du bist bereit für diesen Zauber
Und die Tiere singen für Dich ihre Lieder
Du bist voll da
Und der Himmel ist klar

Die Wolken verfliegen
Die Sonne können wir genießen
Wir haben mehr Zeit
Und sind bereit
Für mehr Gemeinsamkeit
Wir nehmen uns in den Arm
Und spüren das Leben
Weil wir uns lieben

Lied für Barbara

Guten Abend, Gut Nacht`
Wir haben wieder viel am Tag gelacht
Wir haben einen so schönen Garten
Da werden wir in der Sonne braten
Wenn ich Dich in den Arm nehme
Bin ich bereit für neue Pläne

Ein Engel kam mir heut entgegen
Ich dachte, die Erde ist am Beben
Die Macht, die ich spürte
War so groß, dass ich mich fürchtete
Aber er sagte zu mir
Die Liebe ist bei Dir

Laufen wir durch den Wald

Hören wir die Stille und einen leisen Schall

Die Luft ist voll mit einem Duft

Dem man nachgehen muss

All` das Zwitschern und Pfeifen

Bringt uns zum Schweigen

Wenn wir auf den Boden schauen

Sehen wir die Tiere, die was bauen

Im Wald kann man abschalten

Und Kraft aufbauen

Für neue Taten

Das muss ich Euch verraten

Auf einmal sagt eine Stimme in mir
Gehe nach innen
Da ist das Leben
Es wartet auf Dich
Und da findest Du das Licht
Glaube, was Du willst
Das einzige, was in Dir ist
Ist still
Denn Du bist so wunderbar

Die Liebe glaubt an Dich
Sie weiß
Du hast das Licht
Du musst mit ihr die Zeit genießen
Dann fühlst Du Dich besser
Und die Liebe wird in Dir fließen
Das kannst Du sehen und fühlen
Es ist in Deinem Lächeln im Gesicht
Das vergiss bitte nicht

Glauben wir an uns
Das ist die höchste Kunst
Nur wenn wir sehen, wer wir sind
Gibt es einen Weg, ganz bestimmt
Die Liebe kann Dir helfen
Weil sie weiß, wie wichtig das für Dich ist
Der Schmerz den Du spürst
Ist nicht umsonst
Weil das Leben Dich führt
Die Liebe umhüllt Dich mit Licht
Das ist, was Dich beschützt

Du lebst auf einer Erde
Die will Dir sagen
Behüte das Erbe
Du musst mit ihr behutsam umgehen
Dann wirst Du sie auch verstehen
Das Lebendige auf ihr
Ist das Leben
Wir müssen es behüten
Wenn wir uns alle zusammentun
Wird die Liebe in uns ruhen
All das ist in uns
Denn die Mutter Erde ist die Kunst

Komm an, wo immer Du bist
Da sind die Engel, ganz gewiss
Sie nehmen Dich in den Arm
Und alles ist voll mit Licht
Denn die Liebe lässt Dich nicht im Stich
Schon hast Du den Schutz, den Du brauchst
Für Dein Leben
Und es wird sich alles ergeben
Die Liebe steht immer Dir zur Seite
Auch wenn Du so bist, wie Du bist

Lass uns den Himmel anschauen
Und schon kommst Du nicht mehr aus dem Staunen
Überall ist das Licht
Das Du verstehen musst ganz gewiss
Schau Dir einen Baum an
Dann verstehst Du die Kraft
Die alles hält mit ihrer Macht
Der Himmel ist überall
Auch in den dunkelsten Ecken
Und alles hat einen Lichtstrahl

— ❖ —

Der Indianer hat den Mut
Er denkt an Morgen
Voll mit Hoffnung
Und nimmt sich Zeit
Für die Gerechtigkeit
Nun steht er auf der Wiese
Und denkt nach
Wie kommen wir aus der Krise
Er hat klare Gedanken
Und sieht leider auch die Schranken
Er denkt an seine Brüder und Schwestern
Dass wir nicht vergessen mögen, was war gestern
Die Zukunft hat einen Sinn
Nur, wenn wir uns um Mutter Erde kümmern
Können wir auf ihr leben
Der große Geist hat die Macht
Uns den Weg zu zeigen
Dann kommen wir aus dem Schweigen
Er schenkt uns aufbauende Worte
Die wir brauchen für diese Aufgabe

— ❖ —

Deine Hand wird von der Wärme Deines
  Herzens stark gemacht
Und die Liebe sagt Dir
Wie man das macht
Du musst Dich umarmen lassen
Herz an Herz
Und so vergeht Dein Schmerz
Lass dich einfach fallen
Und so kommt Dein Herz in Wallungen
Es klopft an
Und Deine Seele spricht
Alles wird gut
Es sagt Dir
Du hast Mut

— ❖ —

Gebe Dich der Liebe hin
Schon kommt sie schnell wie der Wind
Nur mit einem schönen Gedanken kannst Du leben
Denn Du wirst immer wieder das Licht sehen
Vertrau Deinem Herzen
Es kann lachen
Wenn die Wärme kommt
Gibt sie Dir Kraft
Weil Du weitermachst
Wenn Du Dich liebst
Sieh in die Sterne
Da kannst Du alles, was in Dir ist, wiedersehen
Das Leuchten in Deinen Augen
Bringt Dich ein Stück näher zu Dir
Lass einfach los
Denn die Liebe ist groß

Das Licht kennt die Liebe
Und das Herz weiß, wie man beides vereint
Es gibt Dir die Kraft und die Geduld
Für einen Glauben ohne Schuld
Das Kind in dir lässt Dich nicht allein
Es gibt Dir die Liebe
Und Du nimmst es an
Und in Dir ist Friede

Ich gebe die Liebe immer wieder zu Dir
Denn Du hast mein Herz berührt
Dafür danke ich Dir
Deine wärmende Hand auf meinem Bauch
Hat mich entspannt
Und ich war gut drauf
So macht das Leben mit Dir Spaß
Weil ich weiß, dass Du mich magst

Deine Seele ist mit Dir glücklich
Und sagt Dir, dass sie dich liebt
Immer wieder hat sie Zeit für Dich
Dein Herz vergisst sie nicht

Mit den Füßen stehst Du auf der wunderbaren Erde
Alles was du siehst ist mit Dir verbunden
Auch die Sterne leuchten für Dich in der Ferne

— ❖ —

Die Liebe gibt mir die Kraft
Und alles wird gut
Dass wäre doch gelacht
Gebe ich mich der Liebe hin
So sagt mein inneres Kind
Dass ich mich nicht beeilen muss
Das macht schon der Wind
Ich lass mich einfach von ihr treiben
Dann fliege ich
Und mein Ego wird schweigen

Wenn die Liebe erstmal anfängt sich zu gestalten
Dann passieren große Wunder
Alles kommt zu Dir zurück
Und das ist das Glück
Gebe acht
Denn Wunder sind nicht von Menschenhand gemacht

DANKE ist ein Wort der Freude
Mit der Du leben kannst im Licht
Glaube an Dich mit der Kraft der Liebe
Denn sie zeigt Dein wahres Gesicht

— ❖ —

Klopft das Herz bei Dir an
Bist Du glücklich
Und schon kommt das Leben in Dir hoch
Und es macht Dich froh

Gehe immer weiter in Dich hinein
Da wartet auf Dich ein Lichtlein
Es hat Die Kraft, Dich zu beschützen
Und Du musst nichts befürchten

Für Barbara

Ich lasse mich fallen in Deiner Liebe
Da ist das Licht
Das ich sehe
In Deinem Gesicht
Wenn Du mich anschaust
Gibst Du mir ein Gefühl starker Lebenskraft
Und das ist es
Was uns ausmacht

Die Zeit, die wir verbringen
Lässt das Licht in uns entflammen
Das Leben springt vor Glück in alle Richtungen
Du sagst zu mir
Ich bin bereit für neue Abenteuer
Wenn Du willst
Geh ich mit Dir durch Dick und Dünn
Da ist das Licht für uns Zwei
Das uns verbindet in jeder Stunde

Die Erde ist rund
Und unsere Fahnen sind bunt
Die Lieder, die wir singen
Werden uns den Frieden bringen
Mit einer Kraft
Die aus dem Herzen lacht

Der Teufel hat vor der Liebe Angst
Das ist ganz gewiss
Er mag sie nicht
Der Bösewicht
Immer wenn sie in der Nähe ist
Sucht er das Weite, wegen des Lichts
Das Licht ist so stark
Dass es den Bösewicht verjagt
Ganz gleich, wie es um mich steht
Ich bin glücklich, dass ich leb`

—❖—

Für Ricci

Wenn das Leben uns begeistert
Ist das sehr viel
Denn es ist ein Spiel
Es hat immer Zeit für uns
Und das ist die Kunst
Glauben wir fest daran
Gibt es uns viel Kraft
Dass wir klarkommen im Leben
So haben wir in uns Frieden

Vorwort (Uli)

Sich groß, stark und frei fühlen, nicht viel spüren, alles ausgedacht.
Das kriegen wir in Reimform, wär doch gelacht.
Schon über ein Jahr - unser Plan,
so fingen wir mal an.

Thomas, mein Makrobiotiklehrer und ich
Legen Intimes in die Öffentlichkeit
Manche sagen ihr seid nicht gescheit,
lest selbst und werdet befreit

von dem, was Andere sagen.
Selbst denken, wagen
Ist der Beginn einer „Wagezeit" -
kann enden/beginnen in Herzlichkeit

Ulrich

Das folgende „Gedicht" ist zum Singen geeignet,
nach der Melodie: „Die Internationale"

Das Wissen das wird heut verbreitet
– das stets man noch verbergen will
Im Internet gut aufbereitet
– lesen´s viele in der Still
Lernen sich und andre besser kennen
– steh´n gemeinsam auf für die Natur
Woll´n säen, ernten, tauschen, handeln
– sehn sich als Perlenschnur

Refrain:
Völker hört die Herzschläge,
spürt die Weite in der Brust,
wer gestern noch zu träge,
kommt heute in die Lust!
Völker hört die Herzschläge,
spürt die Weite in der Brust,
wir finden jetzt die Wege,
du willst jetzt statt du musst!

Es rettet uns kein höh´res Wesen,
kein Bündnis und kein Waffengang
Den Frieden in der Welt erringen,
darum ist uns nicht mehr bang!
In uns selbst spür´n wir das pure Leben,
in uns selbst nehmen wir alles an!
An Schuld soll´n Religionen weben,
wir sind jetzt mit dürfen dran!

Refrain: Völker hört ….

In Stadt und Land ihr Menschen alle,
Vergangenes lassen wir jetzt sein,
uns selbst und andern wird verziehen,
wir lassen uns nicht mehr entzwein!
Der Arme und auch der Reiche,
der Moslem und der Christ,
woll`n letztlich doch das Gleiche,
woll`n, dass endlich Frieden ist.

Refrain: Völker hört ….

— ❖ —

Schellfisch

Müde liegt die Welt zu meinen Füßen
Ruhig sonnt sich der Mond
Sommer lässt die Nächte grüßen
Stille hat die Nacht vertont

Mit den Freunden Schellfisch essen
Und danach Zitronentarte
Sich in Diskussionen messen
klug, komplex und hart und zart

Letztlich bleibt Erinnerung an Stunden
Lieblich klingen Töne an
Im Worte- Länder - Zeiten runden
Und wir und ich dein Mann

Aufruf

Und küsst dich die Muse im Morgentau
Und trifft dich leuchtender Sonnenstrahl
Und trillert ein Vögelein: schau!
Hast du dann wirklich die Wahl?

Kannst dann du noch denken es lohne sich nicht?
Kann dann dein Körper noch dumpf sein und schwer?
Kann dann noch alles verborgene Licht,
ein Gedanke sein von leer?

Entscheiden sei deins nie gewesen
Du seist geworfen wie tot
Beginne heut noch zu lesen
Befreie dich selbst aus der Not.

Sicherheit

Ich kann nicht, ich will schon
Ich habe mir so viel Mühe gegeben
Ich kann nicht, mein Lohn
War noch nie leichtes Leben

In der Früh schon denken
Am Morgen schon planen und tun
Kann dir kein Lächeln schenken
Will eigentlich weiter ruhn

Will schlafen und Träumen
Will Bildern vertrauen
Von hochwachsenden Bäumen
Auf die kann ich Schlösser bauen

Du mit deinen Notwendigkeiten
Du mit Vernunft und Verstand
Willst mir die Träume verleiten
Willst mir zwingen die Hand

Ich träume, ich liege,
ich lasse mich gehen
im Traum kommen Siege
die lassen sich sehn.

Ein Haus am Meer
Ein Himmelbett
Alles leicht, nie mehr schwer
Alle sind nett

Ich werde getragen
Von zarter Federhaut
Du kannst den Bussard fragen
Und seinen lauten Laut

Bussard und ich zwei Wesen voll Anmut
   und Kraft
Fliegen gemeinsam im Sommerlicht
Was mancher in seinen Träumen schafft
Das sieht der größte Kämpfer nicht

Lass dir deinen Weg nicht nehmen
Steh zu dir, wer du auch bist
Jeder hat seine Themen
Jeder weiß wer er ist.

— ❖ —

Liebesversuch

Dort hast du gesessen
So groß und stark
Ich war vermessen
Du warst autark

Du hast mutig dein Herz mir gezeigt –
Mit Lachen, mit Weinen, mit Glut
Mein Denken war Denken, mein Herz noch
   verzweigt –
Deine Glut wollt` ich haben, ob man so was tut

Ich bitte dich mir zur Seite zu stehen –
In meinem Kampf um das Leben
Ich bitte dich, die kleine Liebe zu sehn –
Auch sie will zu Größe streben

Nur zwei können einander der Andere sein –
Zwei, die sich zur Liebe bekennen
Zweier bedarf es, es geht nicht allein –
Nur das Zwischen darf Liebe sich nennen

Nicht Mutter und Kind,
nicht Schwester und Bruder
sondern so wie wir sind –
als Begehren und Luder

Zart wie die schwebende Daune –
hart wie kräftiger Trommelschlag
Alles in uns wird zum: Staune!
Ein Schrei, ein Jauchzen, ewiger Tag

— ❖ —

All- Eins

„Allein" sagst du: All-Eins
Einsam ist selbst gemacht
Horch in mich, ist alles meins
Und um mich, nichts ist ausgedacht

Ich spür mich, spür die Eingeweide
Die Muskeln, Knochen, all die Haut
Spür mich zarter noch als Seide
Hab auf Gott mein Sein gebaut

All-Eins, das ist mein Heil
All-Eins ist Ja und Nein
All-Eins, ich bin ein Teil
All-Eins, ich bin das Sein

Gesund

Zart sind die Gedanken an dich
Zart ist mein Blick
Doch du siehst mich nicht
Du denkst, es sei ein Trick

Ein Trick, um dich fügsam zu machen
Ein Trick, um dich zu manipulieren
Du denkst an tausend Sachen
Du denkst an Gewinnen und Verlieren

Ja, so hab´ ich auch gedacht
Deshalb weiß ich es doch
In mir war Kampf entfacht
Ich erinner´ es noch

Im Denken gibt es kaum Lösungen
Im Denken wird alles kompliziert
Wer nicht aus sich selbst wohl wird
Der immer verliert

Aus zwei Wohl-Seienden
Wird Liebe geboren
Ohne Verzeihenden
Haben beide verloren

— ❖ —

SoSein

Müde, enttäuscht, geschwächt
Nieselregen, wenig los
Hat sich Vergangenes gerächt
Wo bleibt der Optimismus bloß

Corona zieht Gedankenkreise
Masken, Impfzwang, Testerei
Dieses Jahr wieder keine Reise
Hasse diesen Staatsmedienbrei

Hass macht keine Glücksgefühle
Hass zerstört die Klugheit leise
Bin im Negativgewühle
Wann werd´ ich denn endlich weise?

Hast du ein Talent?
Gibt es was, was in dir brennt?
Glaubst du oder schraubst du
Gedanken in Gedanke
Wie eine Endlosranke
Setzt vor dich selbst die Schranke
Wen trifft deine Flanke?

Wohin fliegt der Gedankenball?
In die Unendlichkeit, ins All?
Verfliegt jeder Impuls in dir?
Kommt nichts zum Handeln hier?

Trittst du nur auf der Stelle
Kommst du keinen Schritt voran
Bist du weder Strand noch Welle
Ziehst nichts und niemanden an?

Wie wär´s mit einer Bitte
Ist das für dich zu schwer
Wann kommt aus deiner Mitte
Endlich das Bittesehr?

Bitte hab mich endlich lieb
Bitte schau mich an
Mach aus meinem Gedankensieb
Ein Ziel, einen Glauben, einen Mann

Oh mein Gott, ich flehe
Ja, für mich und dich
Oh mein Gott, ich sehe
Zu oft nur mich und mich

Erweitere meinen Horizont
Erweitere mein Seh´n und Tun
Schick mich an die Friedensfront
Und lass mich auch mal ruh´n

Führ meine Schritte
durchflute meinen Geist
In meine Mitte
Die dich preist

Friede hier und allezeit
Bitten und Danken Hand in Hand
Zum Bitten endlich bereit
Setzt du mich dafür in Stand

Bitte vergib mir die Arroganz
Bitte vergib den Hochmut mir
Bitte schenk mir einen Tanz
In Ewigkeit mit dir

— ❖ —

Erbauung

Kurz und knapp ist unser Sein
Je älter, desto knapper
Daher lebe fein
Vor deinem letzten Schnapper

Genieß die Luft, die deine Lungen füllt
Genieß die Erde, die dich trägt
Spür Herz und Pulsschlag, der erfüllt
Alles, was dein Leben prägt

Lass alles gehen und stehen
Versuch, was neu zu säen
Sieh nochmal neu und frisch
Lebendig wie ein Fisch

Kneif dich mal in die Wange
Und denk nochmal zurück
An Kindertage, lange
Und an das alte Glück

Jetzt kann es frisch erstehen
Jetzt ist die große Zeit
Wenn wir das Jetzt verstehen
Versinkt all unser Leid

— ❖ —

Unterwegs

Eine Stunde wandern
Eine Stunde gehen
Bin nicht bei was Anderem
Die Gedanken stehen

Blumen, Steine, Kinderlieder
Wolken, Sonne, grün und rot
Kommen ins Bewusstsein wieder
Freuen, Espresso, Brot

Käsebrot und viel Tomaten
Eine Bussardfeder
kurze Pause, neue Taten
das kann ganz sicher jeder

Kreuz und quer
Brennnesseln und Klee
Wegwarte, kein Verkehr
Ein Zwerg, Pompesel, eine Fee

Wo das Flüsschen mäandert
Bin ich längs gewandert
Über Wurzelwerk und Weiden
Meinen Weg mocht´ ich gut leiden

Zäune oftmals mit ´ner Lücke
Kam ich so oft zu meinem Glücke
Weiter auf dem Zickzackweg
Bis ich wieder überleg

Gehst du links oder gen Westen
Richtung Wiese oder Wald
Oder ist es am besten
Du bleibst mal hier und machst mal Halt

Wind kommt auf und jetzt kommt Regen
Zieh mein Hemd gleich wieder an
Werd´ mich gleich weiter bewegen
Auf meiner glücklich Tagesbahn

— ❖ —

Rettung

Impfung, Impfung, Impfung her
Einen Pieks, das ist nicht schwer
Danach bist du befreit
Für eine kurze Zeit

Danach darfst du dann reisen
Darfst essen, wo du willst
Darfst dich als Klugen preisen
Freust dich selbst, wenn du chillst

Der Ungeimpfte ist verrückt
Verbaut sich alle Chancen
Wenn er dann total bedrückt
Ausgeschlossen wird beim Tanzen

Was drückt er sich vor einem kleinen Pieks
Das kann man wohl verkraften
Man erfährt´s leider erst bei WikiLeaks
Dass sie nicht dafür haften

Wenn die Impfung dich erst krankgemacht
Wenn du gar danach noch stirbst
Dann wirst du höchstens ausgelacht
Selbst schuld, wenn du verdirbst

— ❖ —

Kleine Liebe

Mancher Tag beginnt mit Regen
Manches Leben auch mit Not
Jeder Mensch erfährt auch Segen
Jeder Mensch geht in den Tod

Tief im Innern sind wir eins
Im Mitgefühl beginnt Erinnern
Ich achte schon auch immer deins
Und mein Empfinden tief im Innern

Hand in Hand geh´n wir jetzt los
Herz an Herz wir spüren
Was uns lenkt, ist klein und groß
Wird unsere Wege führen

— ❖ —

Der Ausgang

Der Tod, die Krankheit
Das Leid, das Loch
Und ist es auch Bosheit
Ich sag es doch

Du bist zu faul, um glücklich zu sein
Du bist zu träge für´s Leben
Du bist im Herzen hart wie ein Stein
Wie soll sich da etwas regen

Du fliehst, wenn starkes Empfinden droht
Du stellst dich abseits dem Gedränge
Du hast mit dir selbst genügend Not
Du meidest die sich öffnende Enge

Du überforderst dein Denken, dein Tun
Du denkst, du musst denken und wissen
Du lässt den Geist nie wirklich ruhen
Legst dich nie wirklich aufs Kissen

Lass doch endlich alles fahren
Lass Tod sein und Krankheit und Not
Stell dich doch endlich allen Gefahren
Am Ende steht sicher der Tod

Welch Glück auch, dass niemand die Zukunft weiß
Welch Glück, dass niemand entrinnen kann
Welch Glück, dass Schicksal uns noch so leis
Rausarbeitet aus dem ewigen Bann

Endlich verlieren wollen
Endlich gescheitert sein
Endlich die Enge spüren sollen
Um endlich erweitert zu sein

Abflug

Wenn du Wörter lieb gewinnst
Wenn du zu lieben beginnst
Kommt Wort für Wort ergeben
Erfüllt dein Ich mit Leben

Wenn du die Erde lieb gewinnst
Den Boden, die Flüsse, das Meer
Wenn du zu lernen beginnst
Begreifst du immer mehr

Wenn du dich lieb gewinnst
Den Körper, das Denken. Den Geist
Wenn du in ein Auge linst
Weißt du wie der Vorhang reißt

Allmählich beginnst du dann zu ahnen
Zeit ist Illusion
Egal auf welchen Bahnen
Wir fliegen schon

— ❖ —

Gebet

Geliebter, liebender Gott,
Du begeisterst mich vom ersten
bis zum letzten Spüren.

Du bist meine Freude, mein Lachen,
mein Singen, mein Tun.

Du bist mein Motiv auf das Gute und Schöne zu sehen.

Du schenkst mir Leichtigkeit und Entspannung.

Du schenkst mir Unterscheidungsfähigkeit
und Entschlusskraft.

Du erfüllst mein Denken und mein Empfinden
mit deiner Weite und Wärme,
mit deiner Liebe und Deinem Frieden.

Du bist Eins mit Allem, mit allen Menschen und mit mir.

Voller Dank atme ich durch dich und in Dir

— ❖ —

Dicht gedrängtes Gedicht
Leuchtendes Gesicht
Über alles spricht man nicht
Gerade wenn's im Herzen sticht

Du bist es die ich will
Du bist immer wieder du
Ich bin immer wieder still
Du sagst nichts dazu

Du bist mir schon so sehr ich
Du triffst so oft ins Schwarze
Du weißt ich liebe mich
Wurde Bernstein aus fließendem Harze

Zur See ziehts uns, zur Ewigkeit
Im Norden werden wir sterben
Entrissen unserer beider Seligkeit
Die werden wir weiter vererben

Wir trennen uns nicht, auch nicht nach dem Tod
Wir trauern auch nicht auf unserem Boot
Wir tanzen und lachen und weinen
Weil wir uns jeden Augenblick neu vereinen

Du greifst nach den Sternen ins Leere
Du weißt um die Weite des Alls
Du ahnst dich in geistigem Meere
Unweit unendlichen Schalls

Du lauschst still in die Ferne
Ein Raunen, der Wind, windstill
Du sitzt bequem, spürst dich gerne
Du fragst was Gott will

Kein Wort kommt vor dein Ohr
Du wartest, stehst auf und gehst
Jede Tat kommt dir nun vor
Als ob du alles vestehst.

❖

Herbst

Abendstern spricht
Du, Schatz, Sonne
Herbst: Vernicht`!
Sommerwonne

Goldene Fäden
Oktoberlicht
Feuchte Fensterläden
Nebel, ich seh` dich nicht

Innen ist´s warm
Atmend Herz
Halt mich im Arm
Bist mir gülden Erz

Göttlich

Christus Wonne
Wintersonne
Habichtschrei
Vogelfrei

Christi Wollen
Unser Sollen
Aus der Stille
Unser Wille

Gott denkt
es lenkt
was lassen kann
freut sich dran

Gedanken, Gespräche in mir
Die Zukunft gestalten
Aus dem menschlichen Tier
kommen nicht nur die Alten

Neues kommt aus anderen Welten
Neues ist Gnade und Glück
Welche Gedanken gelten
Realisiert sich Stück für Stück

Welt wird aus Menschen geboren
Welt wird gestaltet wie Kunst
Vielleicht geht Welt uns verloren
Haben so vieles verhunzt

Doch Gnade ist lange Geduld
Gnade ist Befreiung von Schuld
Gnade ist Neubeginn
Ist Frieden, Liebe, Sinn!

Neues heißt kreieren
Vieles ist bekannt
Auch im Verlieren
Kommt Neues gerannt

Wollen denken
Ins Spüren gehen
Sich selbst Schenken
Sich selbst verstehen

Ohne uns beide
Gibt es kein mich
Im Glück und im Leide
Findet man sich

Der rote Oktober

Frieden wollt ich schaffen ohne Kapitalismus
Es wurde Krieg
Frieden wollt ich schaffen nach meinen Ideen
Es gab keinen Sieg

Ich ging in die Wüste
Die Leere wurde mir heilig
Es sprach zu mir die Stille:

„Ich bin"
„Ich kann lieben!" und:
„Ich bin über alles geliebt"

— ❖ —

Die Bedrängnis hat ein Ende
Ist das Trost?
Zu Warten auf die Wende?
Wird Gnade verlost?

Worte in Licht wenden
Feuer ins Herz
Sich selbst erhöhen beenden
Immer tiefer himmelwärts

Kinderaugen strahlen
Bewusstsein wird geboren
Zweifel zermahlen
Neugeburt der Ohren

Leuchtend Oktobersonne
Magische Natur
Nebel, Morgentau
Freude pur

Katerschnurren, Stille
Kaffee, traumhaft, Gartenstuhl
Lieblingshose, Lieblingshemd,
schöpfend aus des Äthers Pool

Eichen, Zypressen, Herbstlaub schon
In Wald und Feld geborgen
Die Welt in Krieg und Wahn
In mir keinerlei Sorgen.

Vorfreude denkt
Was Denken schenkt
Wir sehen uns wieder
Schnee, Rosen, Flieder

Marienkäfer, Grashalm
Badehose, Feuchtes Feuer, Qualm
Untergetaucht, Hautperltropfen
Kuss, Lieb anklopfen

Ach nein, ich halt´s nicht mehr aus,
muss aus den Worten raus,
Gedichte sind mir ein Graus
Schreiberei, Aus die Maus.

Dankeschön

Ohne Euch gäbe es keinen Lyrikband. Ohne Euch gäbe es nicht diesen Lyrikband, an dem wir uns so freuen. Wir danken euch von Herzen für die Mühe, die Liebe, das Können, eure Kunst, die ihr uns geschenkt habt.

Im Einzelnen danken wir Angelika für das Abtippen der Gedichte, ebenso Maria. Besonders gefreut haben wir uns über die schönen Zeichnungen von Angelika. Für die Begleitung und Ermutigung danken wir Barbara und Angelika und vielen Anderen.

Ganz besonderer Dank geht wieder an Franziska, die das Layout erstellte. Wir danken auch dem BoD-Verlag für die gute Arbeit, die seine Angestellten machen. Wir danken auch unseren Eltern für die Liebe die sie uns mitgaben und unseren Geschwistern.

Wir danken all den Seelenkräften in der Natur, den Tieren und Bäumen, die uns begleitet haben und unseren Ahnen.